COLEÇÃO

INTELIGÊNCIA ARTIFICIAL

GUIA PARA SER

UM

ENGENHEIRO DE PROMPT

VOLUME 2

Prof. Marcão – Marcus Vinícius Pinto

Aviso de isenção de responsabilidade:

Observe que as informações contidas neste documento são apenas para fins educacionais e de entretenimento. Todos os esforços foram feitos para fornecer informações completas precisas, atualizadas e confiáveis. Nenhuma garantia de qualquer tipo é expressa ou implícita.

Ao ler este texto, o leitor concorda que, em nenhuma circunstância, os autores são responsáveis por quaisquer perdas, diretas ou indiretas, incorridas como resultado do uso das informações contidas neste livro, incluindo, mas não se limitando, a erros, omissões ou imprecisões.

ISBN: **9798344034522**

Selo editorial: Independently published

Sumário

Seja bem-vindo!

No mundo acelerado da tecnologia e da informação, a inteligência artificial está rapidamente se tornando o coração de muitas inovações e mudanças disruptivas.

À medida que as interações entre humanos e máquinas se tornam mais refinadas, surge uma habilidade essencial: a criação de prompts eficazes.

"Guia para ser um Engenheiro de Prompt – Volume 2" faz parte da coleção "Inteligência Artificial: O Poder dos Dados", disponível na Amazon, e tem como objetivo capacitar os leitores com um roteiro claro e prático para se tornarem mestres na arte de construir prompts que maximizem a eficiência e a precisão dos sistemas de IA.

Este livro é destinado a profissionais de diversas áreas, incluindo desenvolvedores, cientistas de dados, engenheiros de software, gestores de inovação e entusiastas da inteligência artificial.

A criação de prompts eficazes não se limita ao campo técnico; ela é essencial para qualquer profissional que interage com modelos de IA em busca de insights, automação ou otimização de processos.

O conteúdo deste volume foi estruturado para aqueles que buscam não apenas entender os fundamentos da engenharia de prompt, mas também se especializar nessa nova disciplina e dominar as técnicas avançadas que fazem a diferença no desempenho de modelos de IA.

Neste volume, começamos enfatizando um princípio fundamental da inteligência artificial: os dados são a essência da informação, e a informação é a base do conhecimento que os sistemas de IA processam.

O sucesso de uma IA depende de como os dados são apresentados e interpretados — e é aqui que a engenharia de prompt se torna crucial. Um prompt bem construído tem a capacidade de transformar dados brutos em respostas acionáveis e úteis.

Os fundamentos abordados neste livro, como os elementos-chave da construção de prompts, não são meramente técnicos, mas refletem o papel do engenheiro de prompt como um facilitador de diálogos entre humanos e máquinas.

Por exemplo, na seção sobre clareza na solicitação de prompts, exploramos como pequenas mudanças na formulação das perguntas podem levar a resultados significativamente melhores, seja em um chatbot, um sistema de recomendação ou uma plataforma de análise de dados.

O "Guia para ser um Engenheiro de Prompt – Volume 2" está repleto de exemplos práticos que ilustram a importância de cada etapa do processo de construção de prompts.

Desde a criação de um portfólio até a exploração de técnicas avançadas, o leitor encontrará dicas úteis e aplicáveis em seu dia a dia. Por exemplo, na seção dedicada à interpretação de respostas e feedback loops, discutimos como a melhoria contínua e a iteração são essenciais para refinar as interações com sistemas de IA.

Iterar é uma arte: a cada interação, um engenheiro de prompt deve revisar, ajustar e aprimorar suas solicitações para garantir que a IA responda com precisão e relevância.

No campo da inteligência artificial, os avanços são constantes e exigem um aprendizado contínuo.

Este volume oferece um roteiro prático para os profissionais que buscam uma abordagem estruturada, começando com o desenvolvimento de habilidades essenciais, explorando a área, e, finalmente, mergulhando em técnicas mais avançadas que formam a espinha dorsal de um engenheiro de prompt competente.

O livro também oferece um roteiro básico para a elaboração de prompts de qualidade, com exemplos que mostram como construir solicitações claras e concisas.

Esses exemplos são fundamentais para aqueles que buscam entender como um prompt bem construído pode influenciar diretamente o sucesso de um projeto de IA. Desde a clareza na formulação até a aplicação de feedback em tempo real, o roteiro fornecido oferece um guia passo a passo que pode ser adaptado para diversos setores.

Combinando teoria e prática, o livro capacita profissionais de todos os níveis a se tornarem não apenas criadores de prompts, mas verdadeiros engenheiros capazes de transformar dados em conhecimento aplicável.

Se você está pronto para se especializar em um dos campos mais promissores da inteligência artificial, este livro será seu guia.

Boa leitura!
Bons aprendizados!

Prof. Marcão - Marcus Vinícius Pinto

Mestre em Tecnologia da Informação
Especialista em Tecnologia da Informação.
Consultor, Mentor e Palestrante sobre Inteligência Artificial,
Arquitetura de Informação e Governança de Dados.
Fundador, CEO, professor e
orientador pedagógico da MVP Consult.

1 Roteiro para se tornar um engenheiro de prompt.

O campo da engenharia de prompt está em franca expansão, à medida que a tecnologia de IA se torna cada vez mais poderosa e versátil.

Engenheiros de prompt são profissionais altamente qualificados que dominam a arte de escrever prompts eficazes para modelos de IA desbloqueando todo o potencial dessa tecnologia inovadora.

Se você deseja se tornar um engenheiro de prompt e fazer a diferença nesse campo promissor, este roteiro detalhado te guiará passo a passo, desde os fundamentos até as técnicas avançadas.

1.1   Etapas.

1.1.1   Etapa 1 - Desenvolva Habilidades Essenciais.

- Base Sólida em IA. Comece por adquirir uma base sólida em inteligência artificial, incluindo conceitos como aprendizado de máquina, processamento de linguagem natural e deep learning. Cursos online, livros e tutoriais podem te ajudar a construir essa base.

- Domínio da Linguagem. Aprimore suas habilidades de escrita e comunicação, pois a clareza e a precisão na linguagem são essenciais para escrever prompts eficazes. Leia bastante, pratique a escrita e busque feedback para aprimorar suas habilidades.

- Pensamento Criativo. A engenharia de prompt exige criatividade e a capacidade de pensar fora da caixa. Explore diferentes técnicas de brainstorming, resolva problemas

criativos e pratique a geração de ideias inovadoras.

- Habilidades Técnicas. Aprenda a utilizar ferramentas e plataformas de IA relevantes, como Colaboratory, Google AI Platform e Hugging Face. Familiarize-se com diferentes frameworks de IA e bibliotecas de linguagem natural.

1.1.2 Etapa 2 - Explore a Área e Ganhe Experiência.

- Experimente Ferramentas de IA. Comece explorando ferramentas de IA interativas como Playground AI e GPT-3 Playground. Experimente diferentes prompts, observe os resultados e reflita sobre o que funciona e o que não funciona.

- Participe de Comunidades Online. Junte-se a comunidades online de engenheiros de prompt, como fóruns e grupos do Reddit. Interaja com outros profissionais, faça perguntas, compartilhe ideias e aprenda com suas experiências.

- Participe de Desafios e Competições. Participe de desafios e competições de engenharia de prompt, como o Prompt Design Competition e o Hugging Face Prompt Writing Challenge. Esses eventos te desafiarão a aprimorar suas habilidades e te colocarão em contato com outros profissionais talentosos.

1.1.3 Etapa 3 - Aprofunde seus Conhecimentos e Domine Técnicas Avançadas.

- Cursos e Workshops Avançados. Inscreva-se em cursos e workshops online ou presenciais focados em engenharia de prompt. Esses cursos aprofundarão seus conhecimentos e te ensinarão técnicas avançadas para escrever prompts eficazes.

- Leia Artigos e Pesquisas Recentes. Mantenha-se atualizado sobre as últimas pesquisas e avanços na área de engenharia de prompt. Leia artigos acadêmicos, blogs especializados e participe de webinars para se manter na vanguarda da área.

- Experimente Técnicas Avançadas. Explore técnicas avançadas de engenharia de prompt, como prompt chaining, few-shot learning e zero-shot learning. Experimente essas técnicas em seus projetos e avalie seus resultados.

- Desenvolva seus Próprios Projetos. Crie seus próprios projetos de engenharia de prompt, aplicando seus conhecimentos e habilidades para resolver problemas específicos ou criar novas aplicações.

1.1.4 tapa 4 - Construa um Portfólio e Busque Oportunidades.

- Documente seus Projetos. Documente seus projetos de engenharia de prompt em um portfólio online. Inclua descrições detalhadas, demonstrações de seus resultados e links para o código-fonte, se possível.

- Crie um Perfil Online. Crie um perfil online profissional em plataformas como LinkedIn ou GitHub. Apresente suas habilidades, experiências e projetos em engenharia de prompt, atraindo a atenção de recrutadores e potenciais empregadores.

- Participe de Eventos da Indústria. Participe de eventos da indústria de IA, como conferências e meetups. Rede com outros profissionais, apresente seus projetos e busque oportunidades de networking.

- Candidate-se a Vagas de Emprego. Candidate-se a vagas de emprego em empresas que buscam engenheiros de prompt. Destaque suas habilidades, experiências e projetos relevantes em seu currículo e carta de apresentação.

1.1.5 Etapa 5. Mantenha-se Atualizado e Continue Aprendendo.

- Acompanhe as Tendências. A área de engenharia de prompt está em constante evolução, com novas ferramentas, técnicas e aplicações surgindo frequentemente. Mantenha-se atualizado lendo blogs, artigos e participando de webinars para se manter na vanguarda da área.

- Aprimore suas Habilidades. Participe de cursos online, workshops e eventos presenciais para aprimorar suas habilidades em engenharia de prompt e aprender novas técnicas.

- Compartilhe seu Conhecimento. Contribua para a comunidade de engenharia de prompt escrevendo artigos, tutoriais, criando conteúdo online ou participando de fóruns e grupos de discussão.

- Experimente Novas Ferramentas e Tecnologias. Explore novas ferramentas e tecnologias de IA que podem ser úteis para a engenharia de prompt, como ferramentas de geração de linguagem natural, modelos de aprendizado profundo e plataformas de IA.

- Continue Aprendendo. A engenharia de prompt é um campo em constante evolução, portanto, esteja sempre disposto a aprender coisas novas e a se adaptar às novas tendências.

1.2   Dicas.

1. Mantenha-se motivado.

- Alie sua paixão com a prática, Encontre áreas da engenharia de prompt que se alinham com seus interesses e paixões. Isso tornará o aprendizado e o trabalho mais gratificantes e te motivará a ir além.

- Comemore suas conquistas, Reconheça e comemore seus progressos, grandes ou pequenos. Isso te ajudará a manter o foco e a motivação ao longo da jornada.

- Participe de comunidades online, Interaja com outros profissionais de engenharia de prompt em fóruns, grupos e eventos online. Compartilhar experiências, trocar ideias e receber feedback de outros pode te inspirar e te ajudar a superar desafios.

2. Seja ético e responsável.

- Use seus conhecimentos para o bem, Utilize suas habilidades em engenharia de prompt para criar soluções positivas e responsáveis que beneficiem a sociedade.

- Evite vieses e discriminação, Seja consciente dos potenciais vieses e da discriminação que podem estar presentes em modelos de IA e tome medidas para mitigá-los.

- Priorize a transparência e a explicabilidade, Explique como seus prompts funcionam e quais dados foram utilizados para treiná-los, promovendo a transparência e a confiança na tecnologia.

- Desenvolva um portfólio sólido, Crie um portfólio que demonstre suas habilidades e experiências em engenharia de prompt. Inclua projetos pessoais, trabalhos profissionais e participações em competições.

- Construa sua marca online, Crie um perfil profissional em plataformas como LinkedIn e GitHub. Compartilhe seus conhecimentos, experiências e projetos para se destacar como especialista na área.

- Participe de eventos da indústria, Participe de conferências, meetups e workshops relacionados à IA e à engenharia de prompt. Essa é uma ótima oportunidade para fazer networking, aprender com outros profissionais e se manter atualizado sobre as últimas tendências.

Contribua para a comunidade, Compartilhe seus conhecimentos e experiências com a comunidade de engenharia de prompt. Escreva artigos, crie tutoriais, participe de fóruns e eventos online.

Siga as leis e regulamentações, Esteja ciente das leis e regulamentações relacionadas à IA e à engenharia de prompt e siga-as rigorosamente.

3. Tenha um diferencial.

- Desenvolva um portfólio sólido. Crie um portfólio que demonstre suas habilidades e experiências em engenharia de prompt. Inclua projetos pessoais, trabalhos profissionais e participações em competições.

- Construa sua marca online. Crie um perfil profissional em plataformas como LinkedIn e GitHub. Compartilhe seus conhecimentos, experiências e projetos para se destacar como especialista na área.

- Participe de eventos da indústria. Participe de conferências, meetups e workshops relacionados à IA e à engenharia de prompt. Essa é uma ótima oportunidade para fazer networking, aprender com outros profissionais e se manter atualizado sobre as últimas tendências.

- Contribua para a comunidade. Compartilhe seus conhecimentos e experiências com a comunidade de engenharia de prompt. Escreva artigos, crie tutoriais, participe de fóruns e eventos online.

O sucesso como engenheiro de prompt exige dedicação, trabalho duro e um compromisso contínuo com o aprendizado.

Ao seguir estas dicas adicionais e se dedicar a se tornar um profissional ético e responsável, você estará no caminho certo para construir uma carreira gratificante e fazer a diferença no futuro da IA.

1.3   Que disciplinas você precisa dominar?

A expressão "engenharia de prompt" não é uma disciplina formalmente reconhecida no campo da engenharia ou tecnologia, por isso não existe um conjunto estabelecido de disciplinas que um "engenheiro de prompt" precisaria dominar.

No entanto, se interpretarmos "engenharia de prompt" no sentido de engenharia relacionada ao desenvolvimento de sistemas de interação que respondem a prompts ou comandos, aí poderíamos extrapolar quais seriam as áreas de conhecimento relevantes.

Neste contexto, um profissional envolvido no projeto e implementação de sistemas interativos baseados em prompts precisa ter conhecimento em diversas áreas.

1.4   Disciplinas essenciais.

Embora este não seja um campo específico chamado "engenharia de prompt", essas disciplinas compõem a base necessária para alguém capaz de projetar e implementar sistemas que envolvem interações usuário-computador sofisticadas e eficazes.

1. Ciência da Computação. Entendimento fundamental de algoritmos, estruturas de dados, complexidade computacional e arquiteturas de sistemas.

2. Engenharia de Software. Conhecimento sobre o design, desenvolvimento, teste e manutenção de softwares, incluindo conhecimento sobre sistemas de controle de versão e metodologias ágeis.

3. Interface Usuário-Computador (IHC). Princípios de design de interação, usabilidade, experiência do usuário e acessibilidade

para garantir que os prompts sejam intuitivos e eficientes.

4. Processamento de Linguagem Natural (PLN). Para interpretar e compreender as entradas do usuário de forma natural e eficiente, relacionado a linguística computacional e aprendizado de máquina para a interpretação da linguagem humana.

5. Inteligência Artificial (IA). Uso de algoritmos de aprendizado de máquina e redes neurais para permitir que o sistema aprenda com interações passadas e melhore sua capacidade de resposta.

6. Segurança da Informação. Saber como proteger os sistemas de possíveis invasões e vazamentos de dados é essencial, especialmente quando os sistemas processam informações sensíveis do usuário.

7. Arquitetura de Sistemas. Compreensão da configuração dos sistemas e infraestrutura necessária para projetar sistemas escaláveis e eficientes que podem responder aos prompts dos usuários rapidamente e de maneira confiável.

8. Redes e Comunicações. No caso de sistemas que dependem de conectividade de rede para funcionar, é importante compreender como as redes funcionam para otimizar a comunicação entre o usuário e o servidor ou entre diferentes serviços.

9. Avaliação e Teste de Modelos de IA. Habilidades para avaliar o desempenho do modelo de linguagem, incluindo a precisão, a capacidade de generalização e o comportamento frente a casos atípicos ou adversários.

10. Sistemas Operacionais. Conhecimento dos diferentes sistemas operacionais em que o prompt pode ser executado, pois isso

influencia como o software é projetado e implementado.

11. Desenvolvimento de Front-End e Back-End. Capacidade de desenvolver tanto a interface com a qual os usuários interagem (front-end) quanto a lógica e o armazenamento do lado do servidor (back-end).

12. Linguagens de Programação. Proficiência em várias linguagens de programação que são comumente usadas para a criação de sistemas de prompts, como Python, JavaScript, Java, C++, entre outras.

13. Sistemas Distribuídos. Conhecimento sobre como construir e gerenciar sistemas que funcionam em múltiplos computadores ou servidores para garantir alta disponibilidade e balanceamento de carga.

14. Ética em Tecnologia. Noção das implicações éticas no design e implementação de sistemas de tecnologia, especialmente ao lidar com dados do usuário e inteligência artificial.

1.5   Disciplinas complementares.

1. Governança de IA. Compreensão das práticas de governança necessárias para garantir que o desenvolvimento de IA seja responsável e alinhado com normas éticas e melhores práticas da indústria.

2. Acessibilidade Digital. Conhecimento sobre como tornar os sistemas de prompt acessíveis a todos os usuários, inclusive os que têm deficiências visuais, auditivas, motoras ou cognitivas.

3. Desenvolvimento e Design de Conversação. Especialização na

criação de diálogos e jornadas de conversação que soem naturais e consigam manter o usuário engajado, além de saber lidar com contextos de conversação e desambiguação de intenções.

4. Linguística Aplicada. Entendimento da estrutura e uso da linguagem humana para melhorar a interação entre o sistema e o usuário, identificando também nuances culturais e sociais na comunicação.

5. Psicologia e Sociologia. Compreensão de como os usuários se comportam e se comunicam em contextos sociais pode informar o design de sistemas que se comunicam naturalmente e respondem de maneira socialmente apropriada.

6. Design de Interfaces Voz. Incorpora princípios específicos quando as interações com o usuário são feitas através da fala, o que inclui entender a síntese e reconhecimento de voz.

7. Legalidade e Conformidade Conhecimento das leis e regulamentos que afetam o desenvolvimento e a implementação de tecnologias, especialmente no que diz respeito à coleta e ao manuseio de dados pessoais.

8. Ética na IA e Impacto Social. Além das questões legais e de conformidade, é fundamental entender como a IA pode afetar a sociedade e como garantir que ela seja usada para promover o bem-estar, evitar viés e discriminação, e estar alinhada com valores éticos.

9. Testes A/B e Experimentação. Para melhorar continuamente a experiência do usuário, é importante saber como projetar e interpretar testes A/B, acompanhando métricas e realizando experimentos iterativos.

10. Análise de Sentimentos e Compreensão Emocional. Para sistemas de IA que interagem com usuários humanos, a capacidade de analisar sentimentos e responder de maneira emocionalmente inteligente pode melhorar significativamente a experiência do usuário.

11. Ferramentas de Desenvolvimento e Frameworks. Domínio das ferramentas e frameworks atuais que facilitam o desenvolvimento de sistemas interativos, como bibliotecas de IA, SDKs para desenvolvimento de bots, ferramentas para criação de interfaces de voz, etc.

12. Gerenciamento de Expectativas do Usuário. Habilidade para comunicar as capacidades e limitações dos sistemas de IA para os usuários, a fim de estabelecer expectativas realistas.

13. Inovação e Pensamento Criativo. A habilidade para pensar fora da caixa e inovar é essencial, dada a natureza rápida e disruptiva da tecnologia em IA.

14. Avaliação Contínua de Performance e Diagnóstico de Falhas. Monitorar o desempenho do sistema continuamente e ser capaz de diagnosticar e responder rapidamente quando algo não funciona conforme o esperado.

1.6 Disciplinas desejáveis.

1. Psicologia Cognitiva. Entendimento da forma como as pessoas pensam e processam informações pode ajudar na criação de prompts mais naturais e compreensíveis.

2. Gerenciamento de Projetos. Habilidade para organizar, planejar e gerenciar projetos de forma eficiente, de modo a garantir que todos os componentes do sistema de prompt sejam entregues no prazo e dentro do orçamento.

3. Aprendizado Profundo (Deep Learning). Compreensão avançada de redes neurais, especialmente modelos pré-treinados e técnicas de fine-tuning, que são essenciais em modelos de linguagem de última geração como o GPT-4.

4. Gerenciamento de Dados e Privacidade. Conhecimento robusto sobre a gestão de grandes conjuntos de dados usados para treinar modelos de IA garantindo a privacidade e a conformidade com regulamentos como o GDPR.

5. Integração de Sistemas. Habilidade para integrar sistemas de IA como o GPT em diferentes plataformas e ambientes, exigindo conhecimento sobre APIs, microsserviços e contêineres.

6. Monitoramento e Operações de IA. Capacidade de monitorar sistemas de IA em produção, identificar e corrigir problemas em tempo real, e fazer melhorias contínuas no desempenho do sistema.

7. Inteligência de Negócios. Capacidade de entender e alinhar as soluções técnicas com as estratégias de negócios, objetivos e métricas de desempenho.

1.7 Habilidades essenciais.

Além das disciplinas listadas anteriormente, competências como as seguintes também desempenham um papel vital:

1. Aprendizagem Contínua e Educação Profissional. Participar de workshops, conferências, cursos online e outros recursos educacionais para se manter atualizado com os avanços mais recentes.

2. Networking e Comunidade Profissional. Engajamento com comunidades profissionais, tanto online quanto offline, para compartilhar conhecimento, descobrir novas oportunidades e manter-se consciente sobre as tendências emergentes que afetam a indústria.

3. Sustentabilidade e Tecnologia Verde. Compreensão de como as práticas de engenharia e desenvolvimento podem ser alinhadas com princípios de sustentabilidade e menor impacto ambiental.

4. Advocacia e Educação do Usuário. Capacidade de atuar como um defensor dos usuários, educando-os sobre como melhor interagir com e aproveitar os sistemas de IA.

5. Flexibilidade e Adaptação a Mudanças. Habilidade para se adaptar rapidamente quando as ferramentas, as tecnologias ou os objetivos do projeto mudam, o que é comum em um campo tão dinâmico como o da IA e interações homem-máquina.

6. Cultura de Experimentação e Falha. Fomentar uma cultura que não teme experimentar e aprender com as falhas, visto que isso é muitas vezes parte integrante do processo de descoberta e inovação em tecnologia.

7. Análise Competitiva. Avaliação das ofertas e abordagens dos concorrentes para identificar lacunas no mercado e oportunidades para diferenciação ou melhoramento do próprio produto ou serviço.

8. Adaptação a Culturas Tecnológicas Diversas. Com a globalização da tecnologia, é crucial poder adaptar sistemas de IA para diferentes contextos culturais e linguísticos.

9. Pensamento Sistêmico. Entender diferentes aspectos de sistemas que interage entre si dentro de um contexto mais amplo. Isso é particularmente importante na engenharia de IA, onde múltiplos componentes como algoritmos, dados, infraestrutura e interação do usuário devem funcionar harmoniosamente.

1.8 Habilidades desejáveis.

1. Prática de Desenvolvimento Inclusivo. Isso inclui a capacidade de desenvolver produtos acessíveis e inclusivos que não apenas atendam a uma gama diversificada de necessidades dos usuários, mas também promovam a inclusão digital.

2. Feedback Loop e Melhoria Contínua. Implementar um loop de feedback de usuário contínuo para iterar e melhorar o sistema de IA com base em dados do mundo real.

3. Gestão de Riscos Tecnológicos. Habilidade para identificar, avaliar e mitigar riscos associados ao desenvolvimento de novas tecnologias, como riscos de segurança, privacidade e confiabilidade.

4. Colaboração Interdisciplinar. Trabalhar de forma eficaz com especialistas de outros campos, como direito, saúde, educação, e

artes, para criar soluções tecnológicas contextualizadas e inovadoras.

5. Uso de Métodos de Desenvolvimento Ágil e Lean. Estes métodos permitem uma resposta rápida a mudanças e uma entrega incremental de valor, essencial em ambientes de rápido desenvolvimento e inovação.

6. Capacidade de Advocacia pela Tecnologia. Habilidade para comunicar e promover a adoção de novas tecnologias e práticas, gerando aceitação e compreensão entre stakeholders e o público em geral.

7. Balanceamento entre Tecnologia e Humanidade. Manter um equilíbrio ético e humano nos avanços tecnológicos para assegurar que o desenvolvimento tecnológico beneficie a sociedade como um todo.

8. Inteligência emocional. a capacidade de liderar com empatia, e a necessidade de ser capaz de lidar com a incerteza e a complexidade. Manter uma visão estratégica enquanto se lida com detalhes técnicos é crucial; assim como desenvolver uma compreensão de como a tecnologia impacta e é moldada por questões sociopolíticas, econômicas e ambientais.

9. Observação e Pesquisa de Mercado. Monitoramento constante do mercado e análise de como outras empresas e tecnologias estão evoluindo, o que pode oferecer insights para inovações em seu próprio trabalho.

10. Capacidade de Narrativa (Storytelling). A habilidade de contar histórias que comunicam efetivamente os objetivos e capacidades de uma tecnologia, ajudando a construir confiança e

engajamento com usuários e partes interessadas.

11. Educação de Usuários e Treinamento. Capacidade de criar materiais educativos e conduzir sessões de treinamento para facilitar a adoção de tecnologia pelos usuários e maximizar seu valor.

1.9 Habilidades complementares.

1. Conhecimento de Tendências Futuras. Estar apto a prever e se preparar para futuras tendências no campo da IA e da tecnologia, para que possa pilotar a direção estratégica dos projetos de forma inovadora e sustentável.

2. Política Tecnológica e Participação Pública. Compreender o papel que a política desempenha na regulamentação e no suporte da tecnologia, incluindo a importância do engajamento com formuladores de políticas e o público.

3. Desenvolvimento Sustentável e Responsável. Integrar princípios de desenvolvimento responsável que considerem não apenas a utilidade e capacidade técnica, mas também o impacto a longo prazo sobre o ambiente, economia e sociedade.

4. Resiliência. Cultivar a capacidade de lidar com os contratempos e desafios que são inevitáveis em qualquer campo tecnológico avançado e de rápido desenvolvimento.

5. Gestão de Inovação. Desenvolver habilidades para gerir o ciclo de vida da inovação, desde a geração de ideias e prototipagem até a implementação e comercialização.

6. Engajamento Com Unit Testing e Test Driven Development (TDD).

Práticas que asseguram que o software funcione correctamente e que novas funcionalidades não quebrem funcionalidades existentes.

7. DevOps e Automatização de Processos. Implementação de práticas de DevOps para melhorar a colaboração entre desenvolvedores e operações, automatizando o processo de software e a infraestrutura para alcançar maior eficiência e qualidade.

8. Gestão de Conhecimento. Estabelecer sistemas que ajudem as equipes a capturar, organizar e acessar conhecimento institucional, garantindo que informações valiosas sejam preservadas e compartilhadas.

9. Liderança em Diversidade e Inclusão. Promover e liderar esforços para criar uma força de trabalho diversificada e inclusiva que possa trazer uma variedade de perspectivas e ideias.

10. Saúde Mental e Bem-Estar no Trabalho. Reconhecimento da importância do bem-estar mental tanto pessoal quanto da equipe, para manter um ambiente de trabalho produtivo e criativo.

1.10   Conclusão.

Estas disciplinas refletem uma abordagem interdisciplinar necessária para o desenvolvimento e manutenção de sistemas interativos avançados, tais como assistentes digitais alimentados por inteligência artificial e outras tecnologias de interação homem-máquina.

O conjunto de habilidades necessárias para alguém envolvido com a "engenharia de prompt" ou qualquer área relacionada com a construção de sistemas interativos de IA é extensivo e multidisciplinar, refletindo tanto as necessidades técnicas quanto as expectativas humanas.

Profissionais que trabalham com tecnologias interativas frequentemente precisam navegar em um campo que está em constante evolução com o surgimento de novas ferramentas, técnicas e práticas.

O profissional ideal seria alguém que não só domina as disciplinas técnicas e habilidades, mas também está em constante aprendizado e adaptação às novas tecnologias e cenários do mercado.

No cerne dessa multiplicidade está a capacidade de compreender não apenas a tecnologia, mas também as pessoas - os usuários que interagem com esses sistemas.

Isso significa equilibrar o conhecimento técnico profundo com a empatia e o design centrado no humano para criar experiências de usuário que não são apenas funcionais, mas também agradáveis e significativas.

O sucesso nesta área exige profissionais que sejam aprendizes ao longo da vida, sempre prontos para se adaptar a novas informações e mudanças tecnológicas. Tal dinâmica do campo exige que mantenham uma postura proativa em relação ao aprendizado e uma abordagem holística que considere os impactos de longo alcance da tecnologia.

Diante dos desafios inerentes ao setor, da constante evolução da tecnologia e da interminável busca por inovação, completa maestria pode parecer impossível.

No entanto, a possibilidade do impossível pode ser o combustível que impulsiona os profissionais mais dedicados a atingir o ápice de suas carreiras.

Um engenheiro de prompt excepcional é aquele que reconhece que cada fracasso é uma lição, cada desafio é uma oportunidade para crescer e que cada avanço na tecnologia é um chamado para adaptação e inovação.

Ele ou ela é um eterno estudante não só de novas linguagens de programação ou algoritmos, mas também das sutilezas da interação humana, das complexidades dos sistemas sociais e dos fluxos cambiantes da ética tecnológica.

Este profissional continua se esforçando para compreender mais profundamente como as pessoas interagem com a tecnologia, como podem ser protegidos seus dados e privacidade, como a acessibilidade pode ser melhorada e como os sistemas podem responder de forma mais eficaz e humanizante.

Em essência, enquanto "tudo pode ser impossível", o pragmatismo nunca supera o otimismo, e a ambição de ser o melhor proporciona um norte, guiando o profissional através de tempestades de dúvidas e sobre ondas de mudança.

2 FUNDAMENTOS DA CONSTRUÇÃO DE PROMPTS.

Os fundamentos da construção de prompts na inteligência artificial (IA) são essenciais para interagir e obter respostas desejáveis de modelos de linguagem. Um prompt eficaz pode ser a diferença entre uma resposta superficial e uma profundamente informativa.

2.1 Elementos-chave.

Dentro deste contexto, há vários elementos chave que devem ser considerados:

1. Clareza. O prompt deve ser claro e direto para evitar ambiguidade. Como explicado por GPT-3 em seu próprio estilo, "a precisão é de fato o companheiro constante da clareza" (OpenAI, 2020). Isso significa formular a pergunta ou comando de maneira que a IA possa entender facilmente o pedido do usuário.

2. Contextualização. A relevância do contexto não pode ser subestimada em prompts de IA. Segundo Bender e Koller (2020), ao projetar prompts, é crucial incluir informações contextuais suficientes para que o modelo processe a solicitação dentro de um framework apropriado. Isto ajuda a guiar a resposta na direção desejada.

3. Especificidade. Ser específico em relação às informações desejadas ajuda a modelo a focar nos aspectos relevantes da resposta. "A especificidade no prompt orienta o processo de recuperação de informações do modelo.

4. Concisão. Enquanto a contextualização é importante, os prompts também devem ser concisos. "A prolixidade pode ser contraproducente, levando a modelos de linguagem a perder o

foco na pergunta principal". A brevidade pode resultar em uma melhor compreensão por parte dos modelos de IA.

5. Estilo de Linguagem e Tom. O estilo de linguagem e o tom podem sutilmente influenciar como uma IA interpreta e responde a um prompt. "Escolher o tom certo pode ser tão importante quanto o conteúdo do prompt". O tom pode definir a expectativa do tipo de resposta desejada.

6. Feedback Loop. A construção de prompts deve incluir um feedback loop para refinar continuamente a qualidade do prompt e da resposta. É um processo iterativo de ajustar e aprimorar. O design de interação com a IA deve incorporar o feedback do usuário e do sistema para permitir ajustes em tempo real nos prompts. Isso promove uma conversa mais natural e eficaz entre o usuário e a IA.

7. Inclusão de exemplos. Incorporar exemplos no prompt, quando aplicável, pode ajudar a definir claramente a tarefa para o modelo. "Exemplos funcionam como casos de uso que guiam o modelo na geração de respostas".

8. Adaptação ao Público-Alvo. O prompt deve ser adaptado ao público-alvo ou ao usuário específico em questão. Um prompt bem-sucedido leva em consideração o nível de conhecimento do público-alvo.

9. Evitar viés. Quando se constrói um prompt, é importante ser neutro e imparcial a fim de evitar qualquer forma de viés que possa levar a respostas tendenciosas. Deve-se tomar cautela para que o prompt não encaminhe inadvertidamente o modelo para replicar estereótipos ou preconceitos".

10. Utilização de Ferramentas de Construção de Prompt.

Ferramentas como o Autoprompt podem ser usadas para gerar automaticamente prompts que são eficientes em extrair informações específicas de uma modelo de IA. Este método reduz a carga de tentativa e erro manual na criação de prompts eficazes.

2.2   Orientações.

A pesquisa em inteligência artificial e processamento de linguagem natural está em constante evolução, e novas descobertas são publicadas em um ritmo rápido. É através dessas fontes que se pode ficar a par dos últimos desenvolvimentos e descobrir insights de especialistas na área.

Para orientá-lo sobre como proceder na realidade, você normalmente deveria:

1. Defina sua pergunta ou objetivo de pesquisa.

2. Realize uma pesquisa de fundo completa para se familiarizar com o estado atual do conhecimento.

3. Identifique os principais estudos, livros e artigos que são relevantes para o seu tópico.

4. Extraia e anote os pontos essenciais dessas fontes que se relacionam com a sua pergunta.

5. Sintetize esses pontos para construir um argumento ou narrativa coerente em seu texto.

6. Cite com precisão essas fontes em seu texto para reconhecer sua contribuição e permitir que os leitores localizem o material original.

Para integridade acadêmica e para evitar plágio, certifique-se sempre de que as fontes que você cita são verificáveis e representadas com precisão em seu texto.

Os princípios de design desempenham um papel crucial na criação de prompts eficazes no contexto da inteligência artificial. Ao projetar prompts para interações com sistemas automatizados, diversos fatores devem ser considerados para garantir uma experiência positiva para os usuários.

Segundo o renomado designer Don Norman, "o design é realmente uma resposta responsável a ambas as necessidades funcionais e emocionais, sejam elas visuais ou táteis."

2.3   Os prompts e a clareza da solicitação.

Um dos princípios fundamentais a serem considerados ao projetar prompts é a clareza. De acordo com Steve Krug, autor do livro "Não me Faça Pensar", prompts devem ser facilmente compreensíveis para os usuários, evitando ambiguidades e confusões.

Além disso, a simplicidade é essencial. Como afirmou John Maeda, professor de design e autor do livro "Leis Simplicidade", "a simplicidade não é alcançada quando não há mais o que acrescentar, mas sim quando não há mais o que retirar."

Outro aspecto importante a ser considerado é a consistência. De acordo com Jakob Nielsen, renomado especialista em usabilidade, "os usuários devem ser capazes de prever como o sistema responderá a suas interações com base em experiências passadas."

Portanto, ao projetar prompts, é essencial manter uma linguagem visual e interativa consistente ao longo de toda a interação do usuário com o sistema.

Além disso, a personalização também deve ser levada em conta. A personalização de prompts pode aumentar a relevância e eficácia das interações com os usuários, conforme destacado por Sherry Turkle, autora do livro "Alone Together". Ao adaptar os prompts de acordo com as preferências e características do usuário, é possível criar uma experiência mais engajadora e significativa.

Por fim, a acessibilidade é um princípio chave a ser considerado ao projetar prompts no contexto da inteligência artificial. Como mencionado por Robert L. Peters, "o bom design é aquele que também atende às necessidades dos usuários com deficiências físicas ou cognitivas, garantindo uma experiência inclusiva para todos."

Ao integrar esses princípios de design ao projetar prompts no contexto da inteligência artificial, é possível criar interações mais eficazes e significativas para os usuários, proporcionando uma experiência mais intuitiva, personalizada e acessível.

A aplicação desses princípios contribui não apenas para a eficácia do sistema, mas também para a satisfação e engajamento dos usuários, promovendo uma relação mais harmoniosa entre humanos e tecnologia.

2.4   Interpretação de respostas e feedback loops.

A interpretação de respostas geradas por modelos de IA e a criação de loops de feedback são aspectos fundamentais no aprimoramento contínuo da eficácia dos prompts e na entrega de uma experiência de usuário personalizada e relevante.

Neste contexto, é essencial compreender como interpretar as respostas da IA e como utilizar o feedback dos usuários para refiná-las.

Ao interpretar as respostas geradas pela IA, é importante considerar a adequação, precisão e relevância do conteúdo apresentado. Isso envolve analisar se a resposta aborda adequadamente a solicitação do usuário, se está livre de erros ou informações inadequadas, e se é contextualmente relevante.

Além disso, é crucial avaliar a clareza da resposta e se ela atende às expectativas do usuário em termos de tom e estilo de comunicação. Por exemplo, ao lidar com um chatbot de atendimento ao cliente, a interpretação das respostas incluiria garantir que as informações fornecidas sejam úteis, precisas e compreensíveis para o usuário.

Para criar loops de feedback eficazes, é fundamental estabelecer canais de comunicação que permitam aos usuários fornecer comentários sobre as interações com a IA. Isso pode ser feito por meio de pesquisas de satisfação, caixas de sugestões, avaliações de usuários, entre outros métodos.

O feedback coletado deve ser analisado de forma sistemática, identificando padrões, tendências e áreas de melhoria. Por exemplo, se várias pessoas apontam inconsistências nas respostas de um assistente virtual, isso pode indicar a necessidade de ajustes na programação ou na base de conhecimento utilizada.

Para refinamento contínuo dos prompts, os loops de feedback devem ser integrados de maneira estruturada e ágil ao ciclo de desenvolvimento da IA.

Isso significa que as informações obtidas por meio do feedback dos usuários devem ser usadas para ajustar e otimizar a inteligência artificial de forma iterativa.

Por exemplo, se os usuários expressam dificuldade em compreender as respostas do sistema, os desenvolvedores podem revisar a linguagem e a estrutura das respostas para torná-las mais claras e acessíveis, com base nesses insights.

Além disso, a interpretação das respostas da IA e a implementação dos feedback loops podem ser enriquecidas com o uso de métricas de desempenho e análises quantitativas.

Ao coletar e analisar dados sobre a eficácia das respostas, como taxas de resolução de problemas, taxas de rejeição de respostas e tempo médio de interação, os desenvolvedores podem obter uma visão mais abrangente do desempenho da IA e identificar áreas específicas que necessitam de aprimoramento.

É importante notar que a interpretação de respostas e a implementação de feedback loops são processos contínuos e iterativos. À medida que a IA interage com mais usuários e lida com uma variedade maior de cenários, novos insights e oportunidades de melhoria surgirão.

Portanto, é essencial manter uma mentalidade de aprendizado contínuo e estar aberto a ajustes e evoluções ao longo do tempo.

2.5   Considerações sobre a implementação de prompts.

Na prática, a engenharia de prompt pode ser implementada através de vários métodos, combinando algoritmos de aprendizado de máquina e análise preditiva.

No entanto, para chegar a esse estágio, é crucial começar com uma base de dados robusta e representativa.

Aqui estão alguns passos e considerações para aprofundar a engenharia de prompt:

1. Perfilamento Dinâmico de Usuários. Analisar continuamente os dados dos usuários para ajustar os modelos de IA garantindo que os prompts sejam atualizados de acordo com as mudanças nas

preferências e hábitos dos usuários.

2. Testes A/B e Iterações. Utilizar testes A/B para avaliar a eficácia de diferentes prompts e iterar com base em métricas concretas de engajamento e sucesso.

3. Integração Contextual. Desenvolver sistemas que possam integrar informações contextuais em tempo real, como localização, hora do dia, ou até mesmo eventos atuais, para tornar os prompts mais relevantes.

4. Sensibilidade Cultural e Linguística. Garantir que os prompts sejam adaptados não apenas para a língua, mas também para as nuances culturais, sociais e regionais do usuário.

5. Feedback e Aprendizado Contínuo. Implementar mecanismos para que os usuários possam fornecer feedback sobre a qualidade e relevância dos prompts, permitindo assim que o sistema aprenda e se aperfeiçoe continuamente.

6. Privacidade e Segurança. Assegurar que todos os dados sejam coletados com consentimento e tratados com os mais altos padrões e segurança e privacidade.

7. Interdisciplinaridade e Colaboração. O trabalho conjunto de especialistas em linguagem, psicólogos, analistas de dados e engenheiros de IA pode traduzir-se em uma capacidade superior de decifrar as complexidades humanas e aplicá-las na criação de prompts.

8. Acessibilidade e Inclusão. Certificar-se de que os prompts e as respostas dos sistemas de IA são acessíveis a todos os usuários, incluindo aqueles com deficiências ou necessidades especiais,

adaptando a interação conforme necessário.

9. Ética e Transparência. É vital que os usuários estejam cientes de como seus dados são usados para personalizar prompts e que eles tenham controle sobre essa personalização. A transparência promove a confiança e a ética garante que a tecnologia seja utilizada para o bem comum.

10. Evolução Contínua da IA. Para acompanhar as necessidades em constante mudança dos usuários, os sistemas de IA precisam de algoritmos que não apenas aprendam a partir de interações passadas, mas que também consigam adaptar-se proativamente às futuras.

Isso implica uma evolução do conceito tradicional de máquinas programadas para 'aprender' para sistemas que 'evoluem'.

11. Design de Interação. Para que a engenharia de prompt seja bem-sucedida, o design de interação deve ser centrado no usuário, garantindo que cada aspecto da comunicação seja intuitivo e fácil de navegar, independentemente da complexidade dos processos de IA que operam nos bastidores.

12. Inteligência Emocional Artificial. Uma das fronteiras mais emocionantes da engenharia de prompt é a capacidade de reconhecer e responder a sinais emocionais, tornando os sistemas de IA sensíveis aos estados emocionais dos usuários e capazes de reagir de acordo.

13. Narrativa e Branding. Com a engenharia de prompt, abrem-se as portas para que as marcas infundam seus valores e voz em cada interação. Isso reforça o branding e ajuda a construir uma relação

mais forte e pessoal com o usuário.

A habilidade de tecer a narrativa da marca nos prompts de maneira sutil pode transformar um simples comando em uma experiência de marca envolvente e memorável.

14. Equilibrar Automação e Intervenção Humana. Embora a automação seja um aspecto fundamental da engenharia de prompt, é crucial manter a opção de escalonamento para interação humana quando necessário.

A transição perfeita entre interações baseadas em IA e agentes humanos pode assegurar que as necessidades do usuário sejam atendidas com empatia e eficiência.

15. Educação do Usuário e Feedback Dinâmico. À medida que os prompts se tornam mais sofisticados, também deve haver um foco em educar os usuários sobre como interagir de maneira mais eficiente com a IA.

Além disso, sistemas que podem aprender com o feedback do usuário — não apenas dados implícitos, mas também explícitos — evoluirão muito mais rapidamente e de maneira alinhada com as preferências do usuário.

16. Design Ético e Inclusivo. Com a engenharia de prompt, surge a responsabilidade de projetar sistemas que não apenas atendam aos padrões técnicos, mas que também sejam éticos e inclusivos.

Isso envolve criar prompts que não perpetuem vieses ou discriminem qualquer grupo de usuários.

A IA deverá ser treinada com conjuntos de dados diversificados e testada amplamente para garantir que suas respostas sejam justas e equânimes para todos.

17. Preparação para o Inesperado. Um aspecto frequentemente negligenciado na engenharia de prompt é a gestão do inesperado. Embora possamos preparar sistemas de IA para responder a uma ampla gama de entradas, sempre haverá cenários imprevistos nos quais os prompts devem ser capazes de lidar de forma elegante com ambiguidades e erros.

18. Sustentabilidade a Longo Prazo. Finalmente, para que a engenharia de prompt seja eficaz a longo prazo, é necessário pensar em sustentabilidade.

Isso significa desenvolver sistemas escaláveis que possam ser atualizados e aprimorados sem a necessidade constante de reestruturação completa, garantindo a adaptabilidade à medida que novas tecnologias e mudanças sociais surgem.

19. Adoção de Modelos de Linguagem Generativa. Utilizando modelos avançados de linguagem natural, como o gpt-4-1106-preview, a engenharia de prompt pode ser otimizada para entender e gerar linguagem de maneira mais eficaz e natural.

Esses modelos podem rapidamente processar grandes quantidades de texto para aprender padrões de linguagem e fornecer respostas cada vez mais refinadas e contextuais.

20. Exploração de Novas Interfaces. No futuro, os prompts poderão ir além do texto e da voz, explorando interfaces cerebrais diretas ou realidades aumentadas e virtuais. Isso abrirá novos caminhos para interações excepcionalmente imersivas e detalhadas, onde os prompts serão capazes de se ajustar não só ao que o usuário

diz, mas também ao que sente e ao ambiente que o cerca.

21. Promoção do Aprendizado Contínuo. A capacidade de uma IA para reconhecer quando não sabe algo e tomar medidas para aprender de forma independente é um próximo passo chave na evolução dos sistemas de engenharia de prompt.

Este aprendizado contínuo assegurará que a IA possa manter-se atualizada com as tendências emergentes e as necessidades em constante mudança dos usuários.

22. Integração Multidisciplinar robusta. A colaboração entre especialistas em diferentes campos será ainda mais vital para desenvolver prompts que entendam complexidades como humor, ironia e subtexto, requerendo um entendimento mais profundo de psicologia social, linguística, e outras disciplinas.

23. Governança e Regulação. Será essencial estabelecer regulamentos e padrões de governança que orientem a implementação responsável dos avanços em engenharia de prompt.

Isso garantirá que os desenvolvimentos sejam usados de forma ética e que os sistemas de IA sejam projetados com a inclusão, justiça e privacidade em mente.

24. Humanização da Tecnologia. Os avanços continuados em IA e engenharia de prompt podem possibilitar a criação de sistemas que não apenas realizam tarefas, mas também oferecem companhia, consolo e inclusive entendimento emocional, apontando para uma nova era na qual a tecnologia pode fornecer suporte emocional e social.

25. Cognição Ampliada. A engenharia de prompt não amplia apenas as capacidades da IA, mas também as capacidades dos seres humanos. Ao interagir com sistemas que compreendem e respondem de maneira cada vez mais refinada, os usuários podem estender a sua própria cognição, beneficiando-se de uma inteligência combinada humano-máquina para resolver problemas complexos e gerar novas ideias.

À medida que a tecnologia amadurece e a sociedade se adapta a um ecossistema cada vez mais centrado na IA, a engenharia de prompt terá um papel destacado na definição da relação harmoniosa entre humanos e máquinas.

Este campo emergente não apenas oferece a promessa de simplificar tarefas e melhorar a eficiência, mas também carrega o potencial de enriquecer a experiência humana com interações mais intuitivas, compreensivas e personalizadas.

Assim, entramos em um mundo onde cada palavra, cada prompt, não é apenas uma função predefinida, mas uma ponte para entendimentos mais profundos, relações mais ricas e uma sociedade mais conectada.

2.6   Aprendizado contínuo e melhoria iterativa.

O aprendizado contínuo e a melhoria iterativa são práticas fundamentais no desenvolvimento e na otimização de sistemas de inteligência artificial.

Através do aprendizado contínuo, os sistemas podem aprender com as interações passadas, adquirir novos conhecimentos e se adaptar dinamicamente às necessidades e preferências dos usuários.

A engenharia de prompts, por sua vez, é um processo iterativo que envolve a criação, revisão e aprimoramento constante das interações entre humanos e máquinas.

Para garantir o aprendizado contínuo dos sistemas de IA, é essencial implementar mecanismos que permitam a coleta e a análise de dados provenientes das interações passadas.

Esses dados podem incluir registros de conversas, feedback dos usuários, métricas de desempenho e insights obtidos a partir das interações.

Com base nesses dados, os sistemas podem identificar padrões, aprimorar suas habilidades de processamento de linguagem natural, e ajustar suas respostas e recomendações de forma mais precisa e personalizada.

Além disso, a engenharia de prompts é um processo iterativo que envolve a criação de elementos de interação, como perguntas, sugestões e respostas, que são constantemente revisados e aprimorados com base no feedback dos usuários e em testes de desempenho.

Essa abordagem permite identificar e corrigir possíveis falhas ou lacunas no sistema, adaptar as respostas de acordo com as preferências do usuário e otimizar a experiência de conversa de forma gradual e contínua.

Ao combinar o aprendizado contínuo com a engenharia de prompts, os sistemas de IA podem se beneficiar de um ciclo de melhoria contínua, no qual a análise de dados e o feedback dos usuários alimentam constantemente a evolução e otimização do sistema.

Esse processo iterativo permite que os sistemas aprendam, se ajustem e se desenvolvam de forma ágil e adaptativa, melhorando a qualidade das interações e a experiência do usuário ao longo do tempo.

A melhoria contínua e o aprendizado iterativo são fundamentais na evolução dos sistemas de inteligência artificial. Implementar as melhores práticas nesse contexto é essencial para garantir que os sistemas sejam capazes de aprender, se adaptar e oferecer uma experiência de usuário cada vez mais personalizada e eficaz.

Uma das melhores práticas para alcançar esse objetivo é a coleta e análise de dados de forma sistemática e consistente. Monitorar e registrar as interações dos usuários, feedbacks e métricas de desempenho permite identificar padrões, tendências e oportunidades de melhoria. Essa análise de dados é crucial para orientar as decisões de otimização e aprimoramento do sistema.

Outra prática importante é a integração de tecnologias de aprendizado de máquina e processamento de linguagem natural.

Essas tecnologias permitem que os sistemas de IA identifiquem padrões nos dados, façam previsões mais precisas e melhorem sua capacidade de compreensão e resposta durante as interações com os usuários.

Além disso, a automação de processos de feedback e revisão é uma prática eficaz para garantir a revisão contínua e o aprimoramento das interações com base em dados reais.

Implementar mecanismos de coleta automática de feedback, análise de sentimentos e revisão de prompts ajuda a identificar rapidamente áreas de melhoria e a agilizar o processo de otimização do sistema.

É essencial promover uma cultura de melhoria contínua e aprendizado dentro da equipe responsável pelo desenvolvimento do sistema de IA. Encorajar a colaboração, o compartilhamento de conhecimento e a experimentação é fundamental para impulsionar a inovação e garantir que os processos de otimização sejam baseados em dados sólidos e em insights significativos.

Ao adotar essas melhores práticas em relação ao aprendizado contínuo e à melhoria iterativa, as empresas podem garantir que seus sistemas de inteligência artificial estejam sempre evoluindo, adaptando-se às necessidades dos usuários e proporcionando uma experiência de conversa cada vez mais envolvente e satisfatória.

Algumas práticas fundamentais, bem como exemplos de como essas práticas podem ser implementadas e os benefícios que podem trazer para a experiência do usuário são listadas a seguir.

1. Coleta e análise de dados sistemática.

- Uma prática fundamental é a coleta e análise de dados de forma sistemática. Por exemplo, uma plataforma de e-commerce pode monitorar as interações dos usuários em seu site, como pesquisas, visualizações de produtos e compras realizadas.

- Com base nesses dados, a empresa pode identificar padrões de comportamento, preferências de compra e oportunidades de personalização do conteúdo, permitindo ajustar as recomendações de produtos de maneira mais precisa e eficaz.

2. Integração de tecnologias de aprendizado de máquina e processamento de linguagem natural.

- A integração de tecnologias avançadas, como aprendizado de máquina e processamento de linguagem natural, é outra prática crucial. Por exemplo, um assistente virtual pode usar técnicas de aprendizado de máquina para entender e prever as necessidades do usuário com base em interações passadas.

Ao combinar essas técnicas com processamento de linguagem natural, o assistente virtual pode oferecer respostas mais precisas e relevantes, melhorando a experiência do usuário.

3. Automação de processos de feedback e revisão.

- Automatizar processos de feedback e revisão é uma prática eficaz para acelerar o ciclo de melhoria contínua.

- Por exemplo, um sistema de suporte ao cliente pode usar análise de sentimentos automatizada para identificar reclamações ou feedback negativo dos usuários e acionar alertas para a equipe responsável.

- Isso permite que a empresa responda rapidamente a problemas e faça ajustes nas interações para melhorar a satisfação do cliente.

4. Cultura de aprendizado e melhoria contínua.

- Promover uma cultura organizacional focada em aprendizado e melhoria contínua é outra prática importante. Por exemplo, os líderes podem incentivar a experimentação, a colaboração entre equipes e a troca de conhecimento para impulsionar a inovação e a evolução dos sistemas de inteligência artificial.

Ao promover um ambiente de aprendizado constante, as equipes podem trabalhar juntas para identificar oportunidades de melhoria, testar novas abordagens e implementar soluções inovadoras que tragam benefícios tangíveis para os usuários.

Um exemplo prático dessa prática é a realização de sessões de brainstorming regulares entre equipes multidisciplinares, onde os membros podem compartilhar insights, discutir desafios e propor ideias para aprimorar os sistemas de IA.

Essas sessões podem resultar em novas funcionalidades, ajustes de algoritmos ou melhorias na interface do usuário, impulsionando a evolução e a eficácia dos sistemas.

3 Roteiro básico para elaborar prompts de qualidade.

Criar um prompt eficaz para a geração de linguagem é uma arte e uma ciência, pois precisa ser claro, direcionado e suficientemente aberto para permitir respostas criativas ou informativas.

3.1 Roteiro básico.

Aqui está um roteiro básico para construir ótimos prompts:
1. Definição do objetivo.

Identifique o Propósito:

- Informação. Buscar dados ou explicações sobre um tópico específico.

- Criatividade. Gerar conteúdo criativo como histórias, poesias ou ideias.

- Resolução de Problemas. Encontrar soluções ou sugestões para um problema dado.

- Educação. Aprender ou ensinar sobre um tópico determinado.

2. Clareza e especificidade

Seja Claro:

- Use linguagem direta e compreensível.

- Evite ambiguidades que possam confundir o modelo.

3. Seja específico:

- Forneça detalhes chave se necessário.

- Restrinja o escopo para focar na questão central.

4. Contextualização.

Forneça Contexto:

- Se o prompt estiver baseado em conhecimento prévio ou situacional, inclua informações relevantes.

- Situe o prompt no tempo e espaço, se relevante.

5. Abertura.

Equilibre Direção e Liberdade:

- Dê ao modelo uma direção, mas deixe espaço para desenvolvimento de ideias.

- Evite fechar todas as portas para possíveis respostas criativas ou alternativas.

6. Expectativas de Formato.

Defina o Formato:

- Se espera uma lista, um parágrafo, um diálogo etc., indique isso explicitamente.

- Se a gramática e estilo são importantes, como em escrita criativa, destaque a preferência.

7. Revisão e teste.

Revise o Prompt:

- Verifique se o prompt está claro e livre de erros de digitação.

- Confirme se o prompt está alinhado com os objetivos pretendidos.

7. Teste e ajuste.

- Teste o prompt com uma geração de linguagem para observar as respostas.

- Faça ajustes conforme necessário para refinar o foco ou clareza do prompt.

8. Inclusão de examplos (Se Aplicável).

Inclua Exemplos:

- Se for útil, forneça um exemplo de como a resposta deve parecer.

- Exemplos podem ajudar a orientar o modelo e estabelecer padrões de resposta.

9. Uso de follow-up questions.

Elabore Questões de Seguimento:

- Prepare perguntas de seguimento para aprofundar a resposta ou explorar diferentes aspectos do tópico.

- Pense em possíveis respostas e como você gostaria de

continuar a conversa.

10. Avaliação da complexidade.

Ajuste a Complexidade:

- Considere se o prompt está muito complexo e pode ser simplificado.

- Alternativamente, avalie se está muito simples e pode ser enriquecido com mais detalhes ou nuances.

11. Atenção ao feedback.

Observe as Respostas:

- Monitore as respostas geradas para entender como o modelo está tratando o seu prompt.

- Use o feedback para iterar e melhorar os prompts futuros.

3.2   Exemplo de um prompt bem construído.

- Para Obter Informações:

  "Explique os principais eventos que levaram à Revolução Francesa, incluindo o contexto social e econômico da época, e como esses eventos contribuíram para o desenrolar da revolução."

- Para Criatividade:

"Escreva um conto curto sobre um astronauta que descobre uma civilização antiga em Marte, focando na reação emocional do personagem e na descrição viva do cenário marciano."

- Para resolução de problemas:

"Elabore uma estratégia passo a passo para uma pequena empresa de jardinagem aumentar sua base de clientes em uma área metropolitana, considerando um orçamento limitado."

- Para educação:

"Desenvolva um plano de aula interativo para ensinar o teorema de Pitágoras a alunos do 8º ano, incluindo atividades práticas e abordagens para acomodar diferentes estilos de aprendizagem."

Ao seguir este roteiro, você poderá construir prompts que são claros, direcionados e eficazes para obter as respostas desejadas de um modelo de processamento de linguagem natural.

Lembre-se de que a prática leva à perfeição; quanto mais você experimentar e ajustar seus prompts, melhor você se tornará em induzir respostas de alta qualidade.

4 Conclusão.

Ao longo deste volume, "Guia para ser um Engenheiro de Prompt – Volume 2", exploramos os fundamentos essenciais e as técnicas avançadas que capacitam qualquer profissional a se tornar um engenheiro de prompt competente.

Desde o desenvolvimento de habilidades centrais até a construção de prompts de qualidade, cada etapa deste guia foi projetada para preparar o leitor a lidar com os desafios da inteligência artificial com precisão e eficiência.

O entendimento profundo de que os dados são a base da informação, e que a informação é a essência do conhecimento, nos mostrou o quanto a criação de prompts eficazes é vital para transformar o potencial da IA em resultados práticos e relevantes.

Discutimos, por exemplo, como a clareza na formulação de prompts pode impactar diretamente os resultados obtidos, e como o processo de iteração contínua permite ajustes e melhorias constantes nas interações com sistemas de IA.

Através de exemplos práticos e orientações detalhadas, você aprendeu a construir prompts que otimizam a precisão e a eficácia dos modelos de IA, além de explorar as habilidades e disciplinas que formam a base para o sucesso nesta carreira.

Mas essa é apenas a primeira etapa da jornada. A coleção Inteligência Artificial: O Poder dos Dados, da qual este volume faz parte, foi desenvolvida para aprofundar seu conhecimento sobre diferentes aspectos da IA e das ciências de dados.

Cada livro oferece uma nova perspectiva, novas ferramentas e técnicas para lidar com desafios complexos. Ao explorar os outros volumes da coleção, você terá acesso a conteúdos avançados, que não apenas consolidarão sua expertise, mas também o posicionarão como um profissional indispensável em um mercado cada vez mais competitivo.

A inteligência artificial está transformando o mundo — e a maneira como interagimos com ela define o futuro. Não perca a oportunidade de se tornar um especialista nesse campo. Adquira os próximos volumes da coleção e continue sua trajetória rumo ao domínio completo da IA e das tecnologias de dados.

5 Referências bibliográficas.

BISHOP, C. (2006). Pattern Recognition and Machine Learning. Springer.

CHOLLET, F. (2021). Deep Learning with Python. Manning Publications.

DOMINGOS, P. (2015). The Master Algorithm: How the Quest for the Ultimate Learning Machine Will Remake Our World. Basic Books.

DUDA, R.; HART, P.; STORK, D. (2006). Pattern Classification. Wiley.

GERON, A. (2022). Hands-On Machine Learning with Scikit-Learn, Keras, and TensorFlow: Concepts, Tools, and Techniques to Build Intelligent Systems. O'Reilly Media.

GOLDBERG, Y. (2017). Neural Network Methods in Natural Language Processing. Morgan & Claypool Publishers.

KELLEHER, John D. (2019). Deep Learning. MIT Press.

JAMES, G.; WITTEN, D.; HASTIE, T.; TIBSHIRANI, R. (2021). An Introduction to Statistical Learning: With Applications in R. Springer.

JURAFSKY, D.; MARTIN, J. (2020). Speech and Language Processing: An Introduction to Natural Language Processing, Computational Linguistics, and Speech Recognition. Pearson.

KAPOOR, R.; MAHONEY, M. (2021). AI-Powered: How Prompt Engineering Transforms Data Into Knowledge. CRC Press.

LANGE, K. (2010). Optimization. Springer.

LECUN, Y.; BENGIO, Y. (2020). Advances in Neural Information Processing Systems. MIT Press.

MARR, B. (2018). Artificial Intelligence in Practice: How 50 Successful Companies Used AI and Prompt Engineering to Solve Problems. Wiley.

MITCHELL, T. (1997). Machine Learning. McGraw-Hill.

MOHAN, V. (2021). Mastering Prompt Engineering for AI Applications. Packt Publishing.

MULLER, A. C.; GUIDO, S. (2016). Introduction to Machine Learning with Python: A Guide for Data Scientists. O'Reilly Media.

MURPHY, K. (2012). Machine Learning: A Probabilistic Perspective. MIT Press.

PATTERSON, D.; HENNESSY, J. (2021). Computer Organization and Design: The Hardware/Software Interface. Morgan Kaufmann.

PINTO, M.V (2024 -1). Artificial Intelligence – Essential Guide. ISBN. 979-8322751175. Independently published. ASIN. B0D1N7TJL8.

RAGHU, M.; SCHMIDHUBER, J. (2020). AI Thinking: How Prompt Engineering Enhances Human-Computer Interaction. MIT Press.

RAJPUT, D. (2020). Artificial Intelligence and Machine Learning: Developing AI Solutions Using Prompt Engineering. BPB Publications.

RUSSELL, S.; NORVIG, P. (2020). Artificial Intelligence: A Modern Approach. Pearson.

SEN, S.; KAMEL, M. (2021). AI Design Patterns: Leveraging Prompt Engineering to Build Better AI Systems. Springer.

SMITH, B.; ERNST, A. (2021). Artificial Intelligence and the Future of Work: How Prompt Engineering Shapes Tomorrow's Jobs. Oxford University Press.

SUTTON, R.; BARTO, A. (2018). Reinforcement Learning: An Introduction. MIT Press.

TAO, Q. (2022). Artificial Intelligence Ethics and Prompt Engineering: Balancing Innovation with Responsibility. Routledge.

VANDERPLAS, J. (2016). Python Data Science Handbook: Essential Tools for Working with Data. O'Reilly Media.

ZHANG, Z.; DONG, Y. (2021). AI Systems: Foundations, Prompt Engineering, and Advanced Techniques. CRC Press.

6 Descubra a Coleção Completa "Inteligência Artificial e o Poder dos Dados" – Um Convite para Transformar sua Carreira e Conhecimento.

A Coleção "Inteligência Artificial e o Poder dos Dados" foi criada para quem deseja não apenas entender a Inteligência Artificial (IA), mas também aplicá-la de forma estratégica e prática.

Em uma série de volumes cuidadosamente elaborados, desvendo conceitos complexos de maneira clara e acessível, garantindo ao leitor uma compreensão completa da IA e de seu impacto nas sociedades modernas.

Não importa seu nível de familiaridade com o tema: esta coleção transforma o difícil em didático, o teórico em aplicável e o técnico em algo poderoso para sua carreira.

6.1 Por Que Comprar Esta Coleção?

Estamos vivendo uma revolução tecnológica sem precedentes, onde a IA é a força motriz em áreas como medicina, finanças, educação, governo e entretenimento.

A coleção "Inteligência Artificial e o Poder dos Dados" mergulha profundamente em todos esses setores, com exemplos práticos e reflexões que vão muito além dos conceitos tradicionais.

Você encontrará tanto o conhecimento técnico quanto as implicações éticas e sociais da IA incentivando você a ver essa tecnologia não apenas como uma ferramenta, mas como um verdadeiro agente de transformação.

Cada volume é uma peça fundamental deste quebra-cabeça inovador: do aprendizado de máquina à governança de dados e da ética à aplicação prática.

Com a orientação de um autor experiente, que combina pesquisa acadêmica com anos de atuação prática, esta coleção é mais do que um conjunto de livros – é um guia indispensável para quem quer navegar e se destacar nesse campo em expansão.

6.2   Público-Alvo desta Coleção?

Esta coleção é para todos que desejam ter um papel de destaque na era da IA:

- ✓ Profissionais da Tecnologia: recebem insights técnicos profundos para expandir suas habilidades.

- ✓ Estudantes e Curiosos: têm acesso a explicações claras que facilitam o entendimento do complexo universo da IA.

- ✓ Gestores, líderes empresariais e formuladores de políticas também se beneficiarão da visão estratégica sobre a IA, essencial para a tomada de decisões bem-informadas.

- ✓ Profissionais em Transição de Carreira: Profissionais em transição de carreira ou interessados em se especializar em IA encontram aqui um material completo para construir sua trajetória de aprendizado.

6.3   Muito Mais do Que Técnica – Uma Transformação Completa.

Esta coleção não é apenas uma série de livros técnicos; é uma ferramenta de crescimento intelectual e profissional.

Com ela, você vai muito além da teoria: cada volume convida a uma reflexão profunda sobre o futuro da humanidade em um mundo onde máquinas e algoritmos estão cada vez mais presentes.

Este é o seu convite para dominar o conhecimento que vai definir o futuro e se tornar parte da transformação que a Inteligência Artificial traz ao mundo.

Seja um líder em seu setor, domine as habilidades que o mercado exige e prepare-se para o futuro com a coleção "Inteligência Artificial e o Poder dos Dados".

Esta não é apenas uma compra; é um investimento decisivo na sua jornada de aprendizado e desenvolvimento profissional.

Prof. Marcão - Marcus Vinícius Pinto

Mestre em Tecnologia da Informação.
Especialista em Inteligência Artificial, Governança de Dados e Arquitetura de Informação.

7 Os Livros da Coleção.

7.1 Dados, Informação e Conhecimento na era da Inteligência Artificial.

Este livro explora de forma essencial as bases teóricas e práticas da Inteligência Artificial, desde a coleta de dados até sua transformação em inteligência. Ele foca, principalmente, no aprendizado de máquina, no treinamento de IA e nas redes neurais.

7.2 Dos Dados em Ouro: Como Transformar Informação em Sabedoria na Era da IA.

Este livro oferece uma análise crítica sobre a evolução da Inteligência Artificial, desde os dados brutos até a criação de sabedoria artificial, integrando redes neurais, aprendizado profundo e modelagem de conhecimento.

Apresenta exemplos práticos em saúde, finanças e educação, e aborda desafios éticos e técnicos.

7.3 Desafios e Limitações dos Dados na IA.

O livro oferece uma análise profunda sobre o papel dos dados no desenvolvimento da IA explorando temas como qualidade, viés, privacidade, segurança e escalabilidade com estudos de caso práticos em saúde, finanças e segurança pública.

7.4   Dados Históricos em Bases de Dados para IA: Estruturas, Preservação e Expurgo.

Este livro investiga como a gestão de dados históricos é essencial para o sucesso de projetos de IA. Aborda a relevância das normas ISO para garantir qualidade e segurança, além de analisar tendências e inovações no tratamento de dados.

7.5   Vocabulário Controlado para Dicionário de Dados: Um Guia Completo.

Este guia completo explora as vantagens e desafios da implementação de vocabulários controlados no contexto da IA e da ciência da informação. Com uma abordagem detalhada, aborda desde a nomeação de elementos de dados até as interações entre semântica e cognição.

7.6   Curadoria e Administração de Dados para a Era da IA.

Esta obra apresenta estratégias avançadas para transformar dados brutos em insights valiosos, com foco na curadoria meticulosa e administração eficiente dos dados. Além de soluções técnicas, aborda questões éticas e legais, capacitando o leitor a enfrentar os desafios complexos da informação.

7.7   Arquitetura de Informação.

A obra aborda a gestão de dados na era digital, combinando teoria e prática para criar sistemas de IA eficientes e escaláveis, com insights sobre modelagem e desafios éticos e legais.

7.8 Fundamentos: O Essencial para Dominar a Inteligência Artificial.

Uma obra essencial para quem deseja dominar os conceitos-chave da IA, com uma abordagem acessível e exemplos práticos. O livro explora inovações como Machine Learning e Processamento de Linguagem Natural, além dos desafios éticos e legais e oferece uma visão clara do impacto da IA em diversos setores.

7.9 LLMS - Modelos de Linguagem de Grande Escala.

Este guia essencial ajuda a compreender a revolução dos Modelos de Linguagem de Grande Escala (LLMs) na IA.

O livro explora a evolução dos GPTs e as últimas inovações em interação humano-computador, oferecendo insights práticos sobre seu impacto em setores como saúde, educação e finanças.

7.10 Machine Learning: Fundamentos e Avanços.

Este livro oferece uma visão abrangente sobre algoritmos supervisionados e não supervisionados, redes neurais profundas e aprendizado federado. Além de abordar questões de ética e explicabilidade dos modelos.

7.11 Por Dentro das Mentes Sintéticas.

Este livro revela como essas 'mentes sintéticas' estão redefinindo a criatividade, o trabalho e as interações humanas. Esta obra apresenta uma análise detalhada dos desafios e oportunidades proporcionados por essas tecnologias, explorando seu impacto profundo na sociedade.

7.12   A Questão dos Direitos Autorais.

Este livro convida o leitor a explorar o futuro da criatividade em um mundo onde a colaboração entre humanos e máquinas é uma realidade, abordando questões sobre autoria, originalidade e propriedade intelectual na era das IAs generativas.

7.13   1121 Perguntas e Respostas: Do Básico ao Complexo– Parte 1 A 4.

Organizadas em quatro volumes, estas perguntas servem como guias práticos essenciais para dominar os principais conceitos da IA.

A Parte 1 aborda informação, dados, geoprocessamento, a evolução da inteligência artificial, seus marcos históricos e conceitos básicos.

A Parte 2 aprofunda-se em conceitos complexos como aprendizado de máquina, processamento de linguagem natural, visão computacional, robótica e algoritmos de decisão.

A Parte 3 aborda questões como privacidade de dados, automação do trabalho e o impacto de modelos de linguagem de grande escala (LLMs).

Parte 4 explora o papel central dos dados na era da inteligência artificial, aprofundando os fundamentos da IA e suas aplicações em áreas como saúde mental, governo e combate à corrupção.

7.14   O Glossário Definitivo da Inteligência Artificial.

Este glossário apresenta mais de mil conceitos de inteligência artificial explicados de forma clara, abordando temas como Machine Learning, Processamento de Linguagem Natural, Visão Computacional e Ética em IA.

- A parte 1 contempla conceitos iniciados pelas letras de A a D.
- A parte 2 contempla conceitos iniciados pelas letras de E a M.
- A parte 3 contempla conceitos iniciados pelas letras de N a Z.

7.15   Engenharia de Prompt - Volumes 1 a 6.

Esta coleção abrange todos os fundamentos da engenharia de prompt, proporcionando uma base completa para o desenvolvimento profissional.

Com uma rica variedade de prompts para áreas como liderança, marketing digital e tecnologia da informação, oferece exemplos práticos para melhorar a clareza, a tomada de decisões e obter insights valiosos.

Os volumes abordam os seguintes assuntos:

- Volume 1: Fundamentos. Conceitos Estruturadores e História da Engenharia de Prompt.
- Volume 2: Segurança e Privacidade em IA.
- Volume 3: Modelos de Linguagem, Tokenização e Métodos de Treinamento.
- Volume 4: Como Fazer Perguntas Corretas.
- Volume 5: Estudos de Casos e Erros.
- Volume 6: Os Melhores Prompts.

7.16   Guia para ser um Engenheiro De Prompt – Volumes 1 e 2.

A coleção explora os fundamentos avançados e as habilidades necessárias para ser um engenheiro de prompt bem-sucedido, destacando os benefícios, riscos e o papel crítico que essa função desempenha no desenvolvimento da inteligência artificial.

O Volume 1 aborda a elaboração de prompts eficazes, enquanto o Volume 2 é um guia para compreender e aplicar os fundamentos da Engenharia de Prompt.

7.17   Governança de Dados com IA – Volumes 1 a 3.

Descubra como implementar uma governança de dados eficaz com esta coleção abrangente. Oferecendo orientações práticas, esta coleção abrange desde a arquitetura e organização de dados até a proteção e garantia de qualidade, proporcionando uma visão completa para transformar dados em ativos estratégicos.

O volume 1 aborda as práticas e regulações. O volume 2 explora em profundidade os processos, técnicas e melhores práticas para realizar auditorias eficazes em modelos de dados. O volume 3 é seu guia definitivo para implantação da governança de dados com IA.

7.18   Governança de Algoritmos.

Este livro analisa o impacto dos algoritmos na sociedade, explorando seus fundamentos e abordando questões éticas e regulatórias. Aborda transparência, accountability e vieses, com soluções práticas para auditar e monitorar algoritmos em setores como finanças, saúde e educação.

7.19   De Profissional de Ti para Expert em IA: O Guia Definitivo para uma Transição de Carreira Bem-Sucedida.

Para profissionais de Tecnologia da Informação, a transição para a IA representa uma oportunidade única de aprimorar habilidades e contribuir para o desenvolvimento de soluções inovadoras que moldam o futuro.

Neste livro, investigamos os motivos para fazer essa transição, as habilidades essenciais, a melhor trilha de aprendizado e as perspectivas para o futuro do mercado de trabalho em TI.

7.20 Liderança Inteligente com IA: Transforme sua Equipe e Impulsione Resultados.

Este livro revela como a inteligência artificial pode revolucionar a gestão de equipes e maximizar o desempenho organizacional.

Combinando técnicas de liderança tradicionais com insights proporcionados pela IA, como a liderança baseada em análise preditiva, você aprenderá a otimizar processos, tomar decisões mais estratégicas e criar equipes mais eficientes e engajadas.

7.21 Impactos e Transformações: Coleção Completa.

Esta coleção oferece uma análise abrangente e multifacetada das transformações provocadas pela Inteligência Artificial na sociedade contemporânea.

- Volume 1: Desafios e Soluções na Detecção de Textos Gerados por Inteligência Artificial.
- Volume 2: A Era das Bolhas de Filtro. Inteligência Artificial e a Ilusão de Liberdade.
- Volume 3: Criação de Conteúdo com IA - Como Fazer?
- Volume 4: A Singularidade Está Mais Próxima do que Você Imagina.
- Volume 5: Burrice Humana versus Inteligência Artificial.

- Volume 6: A Era da Burrice! Um Culto à Estupidez?
- Volume 7: Autonomia em Movimento: A Revolução dos Veículos Inteligentes.
- Volume 8: Poiesis e Criatividade com IA.
- Volume 9: Dupla perfeita: IA + automação.
- Volume 10: Quem detém o poder dos dados?

7.22   Big Data com IA: Coleção Completa.

A coleção aborda desde os fundamentos tecnológicos e a arquitetura de Big Data até a administração e o glossário de termos técnicos essenciais.

A coleção também discute o futuro da relação da humanidade com o enorme volume de dados gerados nas bases de dados de treinamento em estruturação de Big Data.

- Volume 1: Fundamentos.
- Volume 2: Arquitetura.
- Volume 3: Implementação.
- Volume 4: Administração.
- Volume 5: Temas Essenciais e Definições.
- Volume 6: Data Warehouse, Big Data e IA.

8   Sobre o Autor.

Sou Marcus Pinto, mais conhecido como Prof. Marcão, especialista em tecnologia da informação, arquitetura da informação e inteligência artificial.

Com mais de quatro décadas de atuação e pesquisa dedicadas, construí uma trajetória sólida e reconhecida, sempre focada em tornar o conhecimento técnico acessível e aplicável a todos os que buscam entender e se destacar nesse campo transformador.

Minha experiência abrange consultoria estratégica, educação e autoria, além de uma atuação extensa como analista de arquitetura de informação.

Essa vivência me capacita a oferecer soluções inovadoras e adaptadas às necessidades em constante evolução do mercado tecnológico, antecipando tendências e criando pontes entre o saber técnico e o impacto prático.

Ao longo dos anos, desenvolvi uma expertise abrangente e aprofundada em dados, inteligência artificial e governança da informação – áreas que se tornaram essenciais para a construção de sistemas robustos e seguros, capazes de lidar com o vasto volume de dados que molda o mundo atual.

Minha coleção de livros, disponível na Amazon, reflete essa expertise, abordando temas como Governança de Dados, Big Data e Inteligência Artificial com um enfoque claro em aplicações práticas e visão estratégica.

Autor de mais de 150 livros, investigo o impacto da inteligência artificial em múltiplas esferas, explorando desde suas bases técnicas até as questões éticas que se tornam cada vez mais urgentes com a adoção dessa tecnologia em larga escala.

Em minhas palestras e mentorias, compartilho não apenas o valor da IA, mas também os desafios e responsabilidades que acompanham sua implementação – elementos que considero essenciais para uma adoção ética e consciente.

Acredito que a evolução tecnológica é um caminho inevitável. Meus livros são uma proposta de guia nesse trajeto, oferecendo insights profundos e acessíveis para quem deseja não apenas entender, mas dominar as tecnologias do futuro.

Com um olhar focado na educação e no desenvolvimento humano, convido você a se unir a mim nessa jornada transformadora, explorando as possibilidades e desafios que essa era digital nos reserva.

9   Como Contatar o Prof. Marcão.

9.1   Para palestras, treinamento e mentoria empresarial.

marcao.tecno@gmail.com

9.2   Prof. Marcão, no Linkedin.

https://bit.ly/linkedin_profmarcao